Cubierta y diseño editorial: Éride, Diseño Gráfico
Dirección editorial: Ángel Jiménez

Primera edición: enero, 2026

Episodios de Carabanchel (III)
© Sergio Gonzalo Rodrigo
© éride ediciones, 2026
Espronceda, 5
28003 Madrid

éride ediciones

ISBN: 979-13-87643-61-4
Depósito Legal: M-27258-2025
Diseño y preimpresión: Éride, Diseño Gráfico

Este libro protege el entorno

Episodios
de Carabanchel
(III)

Sergio Gonzalo Rodrigo nació en Madrid en 1982, y desde pequeño, sintió un profundo interés por la literatura. Más adelante, descubrió la pasión por el teatro, una disciplina que ha vivido de manera intensa asistiendo con regularidad a espectáculos teatrales en Madrid, siendo actor a nivel aficionado, editando obras de teatro y siendo ayudante de dirección en una obra que se representó en Madrid en los meses de abril y mayo de 2024. Ahora, ha decidido combinar esa inclinación por el teatro con su conocimiento del madrileño barrio de Carabanchel al escribir la trilogía teatral *Episodios de Carabanchel*, de la que este libro es uno de los tres volúmenes.

Sergio también tiene una profunda pasión por el viaje, y en ese sentido ha escrito dos libros de literatura de viajes titulados *Mosaico, ambientes y gentes del mundo* y Cuba. *Radiografía de un país irrepetible*, ambos también publicados bajo el sello de Ediciones Éride.

.

SERGIO GONZALO RODRIGO

Episodios
de Carabanchel
(III)

éride ediciones

Actos de la obra

Breve perfil de los personajes

(Solo de los que tienen nombre propio, por orden de aparición)

Sara   34 años, contable, nació en Rivas Vaciamadrid
            y lleva 4 años viviendo en Carabanchel con su
            novio, Jorge. En la empresa en la que trabaja
            como contable lleva ya 10 años.

Paz   35 años, contable, nació en Arenas de San Pedro (Ávila) pero lleva viviendo en Madrid y en
            Carabanchel desde hace 9 años. Le encanta leer
            y cocinar. Novia de Vega. Contable en la empresa desde hace 7 años.

Paco   78 años, jubilado, nació en Linares (Jaén) pero
            vive en Madrid desde que tenía 26 años. De
            profesión fue sastre. Lleva 6 años viudo.

Alfredo   81 años, jubilado, nació en Granada, y comenzó
            a vivir en Madrid hace 35 años. Aunque estudió Química, su carrera profesional se desarrolló en la banca. Su mujer es Encarna.

Rafael   46 años, trabaja en la misma empresa que Sara
            y Paz aunque en otro área, el de márketing.
            Aunque no es de Carabanchel, lleva casi toda
            la vida viviendo en el barrio, pues llegó cuando tenía 5 años.

ENCARNA 79 años, jubilada, salmantina. Estudió Farmacia y durante muchos años tuvo su propia farmacia. Mujer de Alfonso, al que conoció cuando ambos ya vivían en Madrid.

JORGE 35 años, charcutero, creció en La Latina, de donde son sus padres, pero lleva 4 años viviendo en Carabanchel con Sara, su novia. Su principal afición es entrenar en el gimnasio.

CASIMIRO 77 años, natural de La Solana (Ciudad Real), lleva viviendo en Madrid y en Carabanchel desde que llegó con su mujer, Catalina, hace 36 años. Durante toda su vida profesional fue peluquero.

CATALINA 63 años, natural de Malagón (Ciudad Real), se casó con Casimiro antes de emigrar de Ciudad Real a Madrid en busca de mejores oportunidades profesionales para él. Ha sido toda su vida ama de casa.

ADRIÁN 29 años, contable, ha comenzado a trabajar hace poco tiempo en la empresa de Paz y de Sara. Es madrileño, de Coslada, y lleva viviendo en Carabanchel 5 años.

SOFIANE 47 años, sin trabajo y sin hogar, nació en Al Hoceima (Marruecos) y es de etnia bereber. Cursó estudios superiores de Historia en Marruecos pero en España no ha tenido suerte.

HASSAN 27 años, desempleado, nació en Tetuán pero lleva 5 años viviendo en España. Ha tenido diversos trabajos en los últimos años pero actualmente no tiene ninguno.

ACTO 1
(El otoño)

Escena 1

Metro, línea 5, dirección Casa de Campo, recién abandonada la estación de Vista Alegre. Lunes a las 8:37. SARA y PAZ van juntas a la empresa en la que trabajan.

SARA   Y, ¿qué tal el finde, tía?

PAZ   Bieeeen. Pero no hemos parado. Hemos estado en el pueblo de Vega, que eran las fiestas. Y brutales. Pero hoy estoy muerta, jajaja.

SARA   Qué guay.

PAZ   ¿Y vosotros?

SARA   Nosotros pues por aquí.

PAZ   ¿Pero habéis hecho algo?

SARA   Nada. Bueno, fuimos a comer a casa de la madre de Jorge el sábado.

PAZ   Bueno, bien.

SARA   Bueno, lo mismo de siempre.

PAZ   Ya.

             (Hay unos segundos de silencio.)

SARA   Pues hoy va a venir mi hermana a la ofi a una entrevista.

PAZ   Ah, ¿sí? ¿Ya?

SARA   Sí.

PAZ   Se me ha pasado volando. Dijiste que intentarías que viniese cuando terminase la carrera, pero claro, ya la habrá terminado.

SARA   Sí, la ha terminado ahora en septiembre. Hizo un examen a primeros de mes de una asignatura que le había quedado, y justo le dieron la nota la semana pasada y aprobada. Así que está súper contenta.

PAZ   Me alegro mucho. Pues a ver qué tal hoy.

SARA   No sé, tía. Esta mañana estaba súper nerviosa.

PAZ   Bueno, normal. ¿A qué hora viene?

SARA   A las once.

PAZ   Joder… *(Acercándose a* SARA *para susurrarle al oído.)* ¿Has visto a ese de en frente? Vaya pintas. Es una especie de pijo-hippie.

SARA   *(Mirando al frente de forma descarada.)* Joder… Ya ves… Menudo espécimen…

PAZ   De todo tiene que haber en la viña del Señor… Jajaja.

SARA   Ya te digo.

PAZ   Que… ¿a qué hora viene tu hermana entonces?

SARA   A las once.

PAZ   Bien, así no madruga mucho un lunes, jajaja.

SARA   Oye, ¿tú crees que le harán algo de prueba de inglés?

PAZ   Imagino, ¿por?

SARA   Pues porque está asustada con eso, tía.

PAZ   ¿Por qué? ¿No tiene buen nivel de inglés?

SARA   Pff. Normalito.

PAZ   Bueno, pero tampoco creo que le vayan a hacer el tercer grado en inglés.

SARA   Pff. No sé. ¿A ti te hicieron prueba en inglés?

PAZ   Sí. Llamaron al jefe de Finanzas, que tiene muy buen nivel. Vino, me hizo cinco o seis preguntas, y se fue. Le llamaron solo para la parte en inglés.

SARA   Joder…

PAZ   Pero que no te rayes, tía. Que fueron preguntas fáciles…

SARA   Es que encima…

PAZ   ¿Qué?

SARA   Pues que… hemos… mentido en su currículum.

PAZ   ¿Y eso?

SARA   Pues porque el inglés es muy importante hoy en día, tía. Y teníamos miedo de que si no ponía que tenía buen nivel no la llamaran para las entrevistas.

PAZ   Buff. Eso de mentir en el currículum es chungo, ¿eh?

SARA   Buah, si lo hace todo el mundo.

PAZ   Mmmm. No sé yo. ¿Y qué nivel habéis puesto?

SARA   Tampoco tanto. B1.

PAZ   Bueno, con un B1 ya se manejaría bastante bien, ¿eh? ¿Y qué nivel real tiene ella?

SARA   No sé, pero mucho más bajo. No sé si llegará a A2.

PAZ   Bueno, tú tranquila, que seguro que luego no es para tanto.

        (*Oscuro*)

Escena 2

Autobús, línea 17, circulando por Vía Carpetana en dirección a Parque Europa. Miércoles a las 11:23. Paco *y* Alfredo *se dirigen, como muchas mañanas, a jugar a la petanca al Parque Eugenia de Montijo.* Paco *va escuchando la radio con sus cascos. Después de un rato de silencio en el que* Alfredo *mira por la ventanilla del autobús y* Paco *mira al frente.*

PACO   ¡Qué hijos de puta!

ALFREDO   ¿Quién?

PACO   ¿Quién va a ser? Los de siempre… Los políticos… En este caso, el presidente del gobierno.

ALFREDO   Bueno… Apañaos vamos con ese, sí…

PACO   Es que es un hijo de puta.

ALFREDO   Tssss. Baja la voz

PACO   ¿Eh?

ALFREDO   Que bajes la voz…

PACO   ¿Por qué voy a bajar la voz?

ALFREDO	Porque te está escuchando todo el mundo. Tú no te das cuenta porque tienes los cascos y no escuchas. Pero estás hablando a voces.
PACO	¡Pues me da igual que me escuchen!
ALFREDO	A ti te da igual, pero a mí no. Que me haces pasar vergüenza…
PACO	Bah. (*Hace un gesto despectivo con la mano.*) (*Hay otro rato de silencio.*)
PACO	(*Ya hablando más bajo.*) Es que no hacen una cosa bien… Roban, engañan, estafan…
ALFREDO	Así es.
PACO	Y nosotros tragando como gilipollas.
ALFREDO	Así es…
PACO	Qué sinvergüenzas son.
ALFREDO	Menos mal que ya no queda mucho para llegar, porque vaya mañanita me estás dando…
PACO	¿Y qué quieres que haga? ¿Que me calle?
ALFREDO	Pues sí podrías, un ratito…
PACO	Bah. ¿Y tú por qué no vas escuchando la radio hoy?

ALFREDO   Porque contigo tendría que quitarme los cascos cada dos por tres, para ver qué me dices. Además, si ya me lo vas contando tú todo, jajaja.

(PACO de nuevo hace un gesto despectivo con la mano. Otra vez hay un rato de silencio.)

PACO   ¡Estos! Otros que tal baila…

ALFREDO   ¿Qué pasa ahora?

PACO   Los de China. Que parece que van a invadir al país de al lado… ¿Cuál ha dicho? Bah, se me ha olvidado. Uno que está al lado que es pequeño.

ALFREDO   ¿Corea?

PACO   No, Corea no ha dicho. Ha dicho otro.

ALFREDO   ¿Taiwán?

PACO   ¡Sí! Ese ha dicho.

ALFREDO   Esa es una cuestión muy difícil de resolver…

PACO   Pues ellos la van a resolver rápido, parece. Les van a invadir. Eso han dicho aquí.

ALFREDO   No, no, no, no, no. Eso no es tan fácil.

PACO   Pues eso han dicho aquí.

ALFREDO   Pues eso no es tan sencillo. Taiwán tiene mucho apoyo internacional detrás.

PACO   ¡Y yo qué sé! Yo te juro que aquí han dicho eso.

ALFREDO   Si yo no digo que no lo hayan dicho ahí. Digo que, por mucho que lo digan ahí, que a saber qué han dicho, y cómo, la situación a nivel internacional es muy compleja.

PACO   Ah, yo de eso ni idea.

ALFREDO   Sí, si ya sé que tú ni idea... Jajaja.

PACO   Bueno, voy quitando esto, que ya llegamos... *(Se quita los cascos.)*

ALFREDO   Ya era hora... Vaya mañanita.

PACO   ¿Y qué quieres? ¿Qué vaya sin escuchar nada?

ALFREDO   Tú escucha lo que quieras. Pero a mí no me des la tabarra...

PACO   Venga, levántate. Que ya vamos a llegar.

ALFREDO   Tranquilo hombre. Yo me levanto cuando pare el autobús.

PACO   Pues luego no te va a dar tiempo a salir.

21

ALFREDO   Bueno, pues me bajaré en la siguiente. Pero
                 prefiero eso a caerme.

(Oscuro)

Escena 3

Metro, línea 5, recién pasada la estación de Carabanchel en dirección a Casa de Campo. Lunes a las 8:39. SARA *y* PAZ *se dirigen al trabajo.*

SARA   Tía, qué sueño tengo hoy.

PAZ   Ya, yo igual… Los lunes son lo peor.

SARA   Ya te digo.

PAZ   ¿El finde bien, por lo menos?

SARA   Síii. Eso sí. Ha estado guay.

PAZ   Me alegro. El mío también.

SARA   Oye, tía, ¿sabes de lo que me he enterado?

PAZ   ¿De qué?

SARA   Me enteré el viernes; tú ya te habías ido. Me lo dijo Silviu, el rumano del almacén.

PAZ   ¿Pero, de qué?

SARA   Pues que parece que en la empresa no puede haber dos personas de la misma familia.

PAZ   ¿Y eso?

SARA	Pues parece que es la normativa.
PAZ	No creo que eso sea así.
SARA	Pues eso dijo Silviu. Me contó que él iba a haber metido a su hermano y que, en cuanto se enteraron, no le dejaron.
PAZ	Pero si en Manipulación hay dos que están casados…
SARA	Justo. Eso le dije a Silviu. Y me contó que justo a raíz de ese caso es cuando puso la empresa la normativa.
PAZ	Anda, no lo sabía.
SARA	Pues esto me jode viva… Por lo de mi hermana.
PAZ	Pero ella ya vino a la entrevista, ¿no?
SARA	Sí.
PAZ	Pues entonces es que se puede.
SARA	No, es que ella no dijo que era mi hermana.
PAZ	No entiendo… ¿Pero no le conseguiste la entrevista tú?
SARA	No, no. Aplicó ella por la bolsa de trabajo de la web.

PAZ	Ah… No sabía.
SARA	Sí, tía.
PAZ	Y en la entrevista no dijo que era tu hermana…
SARA	No, no dijo nada.
PAZ	Pues entonces, seguid así. Sin decir nada, quiero decir.
SARA	Ya, tía, pero tarde o temprano se darán cuenta.
PAZ	O no… Si vosotras no queréis, no.
SARA	Que es mi hermana… Solo por los apellidos…
PAZ	¿Y no se dieron cuenta de lo de los apellidos en la entrevista?
SARA	Pues parece que no. Como son López y Martínez, que hay tantos…
PAZ	Ya… Joder, pues si lo sé, no la saludo… Que fui a hacerlo y la gente pensaría que por qué.
SARA	Bueno, podría ser amiga tuya. (*Señalando con la cabeza a otro lado del vagón.*) Mira, se ha subido Rafa.

PAZ	Pst. ¡Eh! ¡Rafa! (*Dirigiéndose al recién incorporado al vagón, también compañero de trabajo, que acude a la llamada de* PAZ.)
RAFAEL	¿Qué tal, chicas?
SARA	Bien, ¿y tú?
RAFAEL	Todo en orden.
PAZ	Mira, a este le podemos preguntar. Que trabaja al lado de los de Recursos Humanos y seguro que lo sabe. Rafa, ¿tú sabes si en la empresa pueden trabajar dos personas de la misma familia?
RAFAEL	No. No dejan.
SARA	(*Dirigiéndose a* PAZ.) ¿Ves?
RAFAEL	¿Por qué lo preguntáis?
PAZ	Nada, por nada…
SARA	Por mi hermana. Que quiero que entre.
PAZ	Ah, pensé que no querías contarlo.
SARA	A Rafa no hay problema.
PAZ	Vale, vale.
RAFAEL	Pues yo no jugaría con esas cosas.

SARA   Ya…

RAFAEL   Porque ya no es que no la cojan a ella… Es
                que te pueden echar a ti.

SARA   Joder…

                (Oscuro)

Escena 4

Autobús, línea 34, circulando por la calle General Ricardos en dirección Cibeles. Jueves a las 8:03. Alfredo *y su mujer,* Encarna, *van en autobús al médico.*

Alfredo   Pero si va esto lleno de chavales…

Encarna   Claro, es que es la hora de entrar a los institutos.

Alfredo   Ya, ya, ya, ya, ya…

Encarna   Y menuda energía tienen ya por la mañana.

Alfredo   Bueno, algunos van atontados con los móviles.

Encarna   Deja, deja… Mejor. Así por lo menos algunos van calladitos.

Alfredo   Sí, eso viene bien.

Encarna   Mira esa, qué rica. Va con los folios estudiando. Se conoce que tendrá examen hoy.

Alfredo   Eso es que no ha estudiado mucho antes. Esos son los malos estudiantes.

Encarna   Por lo menos va estudiando ahora.

ALFREDO   Sí, pero ya poco va a conseguir.

ENCARNA   Uy, mira esos, ahora se ponen a pegarse.

ALFREDO   Están como una cabra.

ENCARNA   Mira, esos ya se bajan.

ALFREDO   Claro, porque irán al instituto este de aquí. (*Señala con el dedo al lado derecho.*)

ENCARNA   Los otros siguen. Se conoce que irán a otro instituto.

ALFREDO   Y ahí se sube otra panda de chavalas…

ENCARNA   Esas irán a otro que esté más lejos. Si no, irían andando, digo yo.

ALFREDO   Bueno, no sé yo… A estos les gusta poco andar. Me acuerdo cuando tenía yo su edad… Iba andando a cualquier sitio. Me cruzaba Madrid, si hacía falta. A la universidad, a Ciudad Universitaria, iba desde Carabanchel todos los días. Y volvía, claro. Una hora y cuarto tardaba. Y en el pueblo ni te cuento. En el pueblo íbamos de un pueblo a otro andando, por los caminos… Pero a estos los he visto yo a veces coger el autobús para una parada.

           (*Hay unos segundos de silencio.*)

ENCARNA   Se conoce que les gusta ir de pie. Porque ahí hay asientos libres y no se sientan.

ALFREDO   Según les dé. Otros días van ellos sentados y gente mayor de pie y no se levantan.

           (De nuevo hay un rato de silencio. El conductor del autobús frena de manera brusca.)

VIAJERO 1   (Gritando.) ¿Pero qué forma de conducir es esa?

CONDUCTOR 1   Pero si ha frenado el de delante de repente, ¿qué quiere, que nos demos con él?

VIAJERO 1   Lo que tienes que hacer es ir más despacio. Y más separado del de delante.

CONDUCTOR 1   ¿Me va a decir usted cómo tengo que conducir?

VIAJERO 1   Pues si conduces así de mal, sí. Claro que te lo digo.

CONDUCTOR 1   Mire, mejor me voy a callar…

VIAJERO 1   Cállate y conduce, sí. Eso es lo que tienes que hacer.

CONDUCTOR 1   Oiga, no permito que nadie me hable así.

VIAJERO 1   Ah, ¿no? ¿Y qué vas a hacer? ¿Me vas a pegar?

CONDUCTOR 1   Puedo hacer que se baje inmediatamente del autobús por faltarme al respeto.

VIAJERO 1   Ah, ¿sí? Uy, qué miedo me da…

ALFREDO   *(Gritando, y dirigiéndose a Viajero 1)* ¿Quiere hacer el favor de callarse y dejar al conductor en paz? Que está haciendo su trabajo.

VIAJERO 1   ¿Cómo?

ENCARNA   ¡Alfredo! Tú cállate. Que se peleen lo que quieran que a ti te da igual.

ALFREDO   *(De nuevo dirigiéndose a Viajero 1.)* Sí, hombre, que te calles y le dejes conducir en paz. Que al final vamos a tener un accidente por tu culpa.

ENCARNA   ¡Alfredo! ¡Calla! *(Le zarandea del brazo.)*

VIAJERO 1   Vais a tener suerte todos, porque me bajo ya.

CONDUCTOR 1   Más le vale, porque si no llamaré a la policía.

VIAJERO 1   Ah, ¿sí? ¿Y qué les vas a decir? ¿Que vas conduciendo como si fueras borracho?

CONDUCTOR 1   ¡Bájese ahora mismo del coche!

VIAJERO 1   Me bajo porque es mi parada, no porque me lo digas tú.

(Se baja.)

ENCARNA   *(A* ALFREDO.*)* ¿Tú para qué tienes que decir nada?

(Oscuro)

ACTO 2
(El invierno)

Escena 5

Metro, línea 5, dirección Alameda de Osuna, recién pasada la estación de Urgel. Sábado a las 11:31. Es sábado y SARA *y su novio* JORGE *van al centro para pasar el día de compras y comiendo.*

SARA   ¿Qué hora es? ¿Vamos a llegar bien?

JORGE   Sí, chica, vas a tener casi toda la mañana para hacer compras. Y si hace falta luego nos quedamos después de comer también.

SARA   Bueno, bueno. Eso si no te entran las prisas.

JORGE   Que no, joder, que ya te dije que hoy no tenía nada que hacer. Estamos el tiempo que tú quieras.

SARA   Guay. Gracias, guapo. *(Le da un beso en la mejilla.)*

JORGE   Para que luego digas.

SARA   Si es que, eres más majo…

JORGE   ¿Y qué te quieres comprar?

SARA   Pues quiero ir a una tienda de ropa que hay en la calle Toledo, que pasé el otro día y vi que tenían rebajas.

JORGE   Eso, aprovecha las rebajas. Que así nos gastamos menos.

SARA   Sí, si ya sabes que eso siempre lo miro.

JORGE   Por cierto, el otro día vi que tenían unos descuentos muy buenos en la zapatería de debajo de casa también. A ver si aprovechamos y nos compramos calzado. Total, si no es ahora va a ser dentro de unos meses… Y así nos ahorramos lo del descuento. Las cosas hay que comprarlas en las ocasiones.

SARA   No sé… Comprar zapatos si no los necesitamos…

JORGE   Sí, pero es que ahora hay descuentos.

SARA   Bueno, bueno, no voy a ser yo quien te diga que no me quiero comprar unos zapatos, jajaja. Si ya sabes que me encantan.

JORGE   Si yo es por ahorrarnos algo.

SARA   Joder ese que ha entrado al vagón pidiendo… Menudas pintas tiene…

34

JORGE	¿Quién? Ah… *(Hay unos segundos de silencio.)* Sí, menudo desgraciado…
SARA	Bueno, tampoco le insultes. Tiene mala pinta y ya está.
JORGE	Ya salió la defensora de las causas justas.
SARA	Sabes que no me gusta que hables así.
JORGE	Bueno, ¿y dónde vamos a comer?
SARA	Pues he estado mirando en El Tenedor y he visto un par de restaurantes que tenían el 50 %. He reservado en los dos. Luego decidimos a cuál vamos.
JORGE	¿Y cómo haces eso?
SARA	¿El qué?
JORGE	Reservar en los dos. Y al que no vayamos, ¿qué pasa?
SARA	Buah, da igual. Seguro que lo llenan igual. Si a lo mejor luego me llaman. Les digo que no hemos podido ir y ya está.
JORGE	Menuda malqueda estás hecha…
SARA	Buah, si eso lo hace mucha gente.

JORGE   Pues a mí no me gusta hacerlo. ¿Y qué restaurantes son?

SARA   Uno es un gallego. Y el otro creo que era cubano…

JORGE   Buff. A un cubano a mí no me lleves.

SARA   ¿Qué más da? Si seguro que se come rico… Y estaba bien de precio.

JORGE   ¿Y esta noche qué vamos a hacer?

SARA   Tío, todavía no hemos comido, ¿y ya estás pensando en la cena?

JORGE   Si yo no te he dicho nada de cenas… He preguntado qué vamos a hacer esta noche. Si quedarnos en casa, o bajar a tomar algo.

SARA   Pues no sé, luego lo vemos.

JORGE   Bueno, bueno. Unas veces te gusta tenerlo todo planeado, y otras dices que da igual.

SARA   Es sábado, relájate.

JORGE   Podemos pillar algo del Glovo…

SARA   Uy, ahora que dices eso… Leí ayer un artículo sobre las condiciones con las que trabajan los *riders*… Qué penita, menudas condiciones de trabajo tienen. Les pagan una miseria, y trabajan un montón de horas al día. Y muchos no tienen ni contrato.

JORGE   Bueno, como ellos habrá mucha gente.

SARA   Que no, que no. Que según decía el artículo trabajan con unas condiciones penosas, de las peores.

JORGE   Claro, y los albañiles también… Y los barrenderos…

SARA   Que no, que no, que lo de estos lo ponían peor.

JORGE   Serán chavales que trabajarán para sacarse un dinerillo.

SARA   Bueno, ¿y qué? ¿Y por eso tienen que trabajar con esas condiciones de mierda?

JORGE   No sé, a mí no me dan pena

SARA   Joder, tío… ¿Cómo puedes ser así?

(Oscuro)

Escena 6

Estación de metro de Oporto. Domingo a las 13:02. CASIMIRO y CATALINA esperan en el vestíbulo de la estación a ALFREDO y ENCARNA, con quienes han quedado para ir al centro a comer.

CASIMIRO   Estos dos siempre llegan tarde, ¿eh? Hay que ver.

CATALINA   Pues si ya lo sabes, ¿para qué tienes siempre tantas prisas?

CASIMIRO   A mí no me gusta llegar tarde, Catalina. Yo soy puntual.

CATALINA   Sí, pero para luego esperar…

CASIMIRO   Pues si hay que esperar, espero. Pero tarde no llego. Hay que tener formalidad.

CATALINA   Ay, qué hombre.

(Hay unos segundos de silencio.)

CATALINA   Menos mal que por lo menos estamos calentitos aquí dentro.

CASIMIRO   No, si quieres, esperamos fuera…

(De nuevo, hay unos segundos de silencio.)

CASIMIRO   (*Señalando con la cabeza a un hombre que está buscando algo en una papelera.*) Mira ese.

CATALINA   Pobre… Estará buscando algo que llevarse a la boca.

CASIMIRO   Llevarse a la boca… En la boca le pegaba yo un guantazo.

CATALINA   Pero bueno… ¿Y esa violencia que te ha salido ahora? ¿Qué te ha hecho ese hombre?

CASIMIRO   Pues que espabile, mujer, pues que espabile…

CATALINA   Pues vaya maneras que tienes.

CASIMIRO   Si es que es verdad, mujer… Está el país que da pena, con gente como este.

CATALINA   Pero si, «este», como le llamas tú, a ti no te perjudica en nada.

CASIMIRO   ¿Que no me perjudica? ¿Y la imagen que da del país, qué?

CATALINA   ¿Ahora te preocupa la imagen del país? Vaya por Dios.

CASIMIRO   Pues claro. Siempre me ha preocupado.

CATALINA   Aiinss…

CASIMIRO — (*Señalando con la cabeza al pasillo por el que se accede al vestíbulo.*) Mira, por ahí vienen los tardones… (*Dirigiéndose a* ALFREDO *y* ENCARNA *cuando se acercan.*) Mira que os gusta llegar tarde, ¿eh?

ALFREDO — ¿Tarde? (*Mira su reloj.*) Pero si solo hemos llegado cuatro minutos tarde, hombre. (*Señalando con la cabeza a* ENCARNA.) Y por esta mujer, que siempre tarda una barbaridad.

ENCARNA — Qué va. ¿Cómo estáis, guapos?

(*Ambos matrimonios se saludan, dándose los hombres la mano y con dos besos cuando en el saludo interviene una mujer.*)

CASIMIRO — ¿Cuatro minutos? No. Llevamos esperando por lo menos veinte.

ALFREDO — Bueno, bueno. Que tú llegues antes de la hora y tengas que esperar no quiere decir que nosotros hayamos llegado todo ese tiempo tarde…

(*El grupo de cuatro personas se separa, adelantándose los dos hombres, y caminando las dos mujeres unos metros por detrás de ellos.*)

CASIMIRO — Venga, vamos.

ALFREDO — Voy, voy. Parece que tienes prisa.

CASIMIRO   Claro. Cuanto antes lleguemos, mejor. Así nos tomamos un vinito.

ALFREDO   Si el vinito te lo vas a tomar igual llegues a la hora que llegues.

CASIMIRO   Pues estaba ahí hablando con la Catalina… De un muerto de hambre que estaba buscando en una papelera.

ALFREDO   Ah, ya sé quién dices. Lo he visto cuando he entrado. Ese está mucho por aquí.

CASIMIRO   Yo también lo he visto más veces. Menudo sinvergüenza.

ALFREDO   No, pero no creas que es de los malos, ¿eh? Es bastante digno.

CASIMIRO   ¿Digno? ¿Buscar en una papelera te parece digno?

ALFREDO   Pero no le he visto nunca pedir dinero a nadie. Eso le honra. Y además, un día que estuve yo ahí esperando también, le escuché hablar con un señor, y me di cuenta de que es muy culto. Sabe mucho. Estuvo hablando de un montón de cosas, y con buen criterio.

CASIMIRO   Sí, pues para lo que le sirve la cultura… Para luego andar rebuscando en las papeleras.

ALFREDO   Eso son las circunstancias de la vida, hom-
               bre. Y además, tener cultura siempre sirve.

CASIMIRO   Tonterías.

               (*Oscuro*)

Escena 7

Metro, línea 5, dirección Casa de Campo, en-
trando en la estación de Vista Alegre. Miér-
coles a las 8:41. SARA, PAZ, *y un nuevo com-*
pañero llamado ADRIÁN, *van en metro a*
trabajar.

SARA   Pues yo estoy deseandito que termine el
         año, chicos.

PAZ   ¿Y eso?

ADRIÁN   ¿Por qué?

SARA   Pues porque odio estas fechas. Por un lado
         la Navidad, que me da una pereza que no
         veáis. Y por otro lado… es que… en el cu-
         rro… buff, qué pereza también.

PAZ   ¿Y eso? ¿Por qué?

SARA   Pues porque está todo el mundo muy fli-
         pado.

ADRIÁN   ¿Qué quieres decir?

SARA   Pues que, con lo del bonus, está todo el
         mundo… Pues eso…

PAZ   ¿Qué?

SARA   Joder, pues ya sabéis. Intentando hacer méritos.

PAZ   ¿A qué te refieres?

ADRIÁN   Yo tampoco sé qué quieres decir.

SARA   Joder… No me puedo creer que no os deis cuenta. Bueno, mejor dicho, será que no os queréis dar cuenta…

PAZ   Explícate, tía.

ADRIÁN   Eso.

SARA   Pues eso, que está todo el mundo intentando irse tarde, haciéndole la pelota al jefe, copiando a quien interesa en los correos para quedar bien…

PAZ   ¿Tú crees?

SARA   Pues claro. Mucho más que en otras partes del año.

PAZ   No sé…

SARA   No me puedo creer que seáis tan inocentes…

            (Dirigiéndose a ADRIÁN.) ¿Tú tampoco te das cuenta?

ADRIÁN   No mucho. A ver… Yo soy nuevo.

SARA	Pues es que es muy cantoso. Se les nota mogollón. Sobre todo a algunos.
PAZ	¿A quién?
SARA	Pues a Raquel Ortega, por ejemplo.
PAZ	¿En serio? A mí me cae bien.
ADRIÁN	Parece maja…

(Hay un silencio.)

SARA	No me puedo creer que seáis tan inocentes.
PAZ	Pues no sé, tía. A ver si va a ser que tú eres muy mal pensada…
SARA	Que no, tía. Que con nada que os fijéis un poquito, se nota mogollón.
PAZ	No sé. Será que sí que yo soy muy inocente.
ADRIÁN	Yo es que llevo muy poquito tiempo.
SARA	Yo lo que sí hago es copiar a la súper-jefa en todos los correos que escribo por la mañana temprano.
PAZ	¿Y eso?

SARA   Pues porque si no, la petarda de la jefa esta que tenemos por encima se apropia de todos los méritos… Y del trabajo que se hace de 9:00 a 10:00, también. Y eso que ella llega a las 10:00.

PAZ   ¿Pero, cómo se va a apropiar de los méritos? La súper-jefa, como tú la llamas, sabe perfectamente lo que hacemos cada uno.

SARA   Jajaja. Que te lo crees tú… No tiene ni idea de lo que hacemos. Al menos nosotros. Su primera línea, a lo mejor sí, pero nosotros que estamos por debajo…

PAZ   No sé…

SARA   Sois muy inocentes, chicos…

PAZ   Será eso.

SARA   Nuestra querida jefa, que lo sepáis, a veces, utiliza los ficheros que nosotros hemos trabajado, para enviarlos ella a la super-jefa, o directamente a los jefazos, y quedarse ella con todo el mérito… Y encima sin copiarnos a los que hemos hecho el trabajo. Es lo peor que se puede tener como jefa.

ADRIÁN   ¿En serio?

PAZ   ¿Cómo va a hacer eso?

SARA Pero qué pardillos sois…

PAZ Yo creo que tú eres muy retorcida.

ADRIÁN Yo prefiero no opinar. Cuando lleve más tiempo, opinaré.

SARA A ver si no eres tan inocente como esta… (*Señala con la cabeza a* PAZ.)

  (*Oscuro*)

Escena 8

Vestíbulo de la estación de Oporto. Viernes a las 8:18. SARA *espera a* PAZ *y a* ADRIÁN *en el vestíbulo mientras escucha una conversación de dos personas que están a un par de metros de ella,* SOFIANE *y* HASSAN; *a* SOFIANE *ya lo conoce de vista de verlo en el intercambiador en otras ocasiones.*

SOFIANE | En Marruecos ahora no se vive bien. No te recomiendo ir allí.

HASSAN | Pues creo que sí que me voy a volver. Mi madre y mi hermana están en Tetuán. Creo que montaré un negocio allí.

SOFIANE | ¿Qué negocio vas a montar?

HASSAN | No lo sé. Una barbería. O una tienda de algo… Ya veré.

SOFIANE | No vas a ganar mucho con eso.

HASSAN | Con ganar para vivir, me vale.

SOFIANE | Yo quiero ir a otro país. A Australia. O a Canadá. Dentro de unos meses voy a intentar ir a uno de los dos.

HASSAN | ¿A Australia o a Canadá? ¿Tan lejos? Yo no quiero irme tan lejos.

SOFIANE   Lejos y cerca, son conceptos relativos. Lejos y cerca, ¿de qué? Yo ya no tengo familia ni en España ni en Marruecos. Así que no estaré lejos de nada.

HASSAN   Ya, pero yo sí.

SOFIANE   Mi situación es diferente.

HASSAN   Claro.

SOFIANE   En Australia y en Canadá hay muchas oportunidades.

HASSAN   Ya imagino.

SOFIANE   Son países modernos en los que encontrar trabajo es fácil. Hay gente que el viernes deja un trabajo porque no le gusta y el lunes está trabajando en otro sitio.

HASSAN   ¿En serio?

SOFIANE   Sí. Eso me han contado varias personas ya.

                   (*Hay unos segundos de silencio.*)

SOFIANE   Son los países del futuro. Y eso que Australia empezó siendo un territorio de convictos.

HASSAN   ¿Y eso?

SOFIANE   Es donde los ingleses enviaban a los presos. Para que estuvieran lo más lejos posible de Gran Bretaña.

HASSAN   No lo sabía.

SOFIANE   Pues fue así.

(De nuevo hay unos segundos de silencio.)

SOFIANE   Allí vivían los aborígenes australianos. Y todavía están allí. Son el 3 % de la población. En el país hay varias ciudades importantes. Sídney es una. También está Melbourne. Y Brisbane. En el norte, Darwin. En el sur, Adelaida. Hay muchas ciudades para encontrar trabajo. Y son ciudades modernas. Y multiculturales. Allí no hay problemas de racismo. Están acostumbrados a vivir juntos australianos, chinos, árabes, africanos… De todo.

(De nuevo hay unos segundos de silencio.)

SOFIANE   Y hay muchas especies animales únicas. Se han conservado al ser una isla… Tú conocerás el canguro, y el koala. Pero hay muchos más que son únicos de allí.

HASSAN   Ya…

(Llega al vestíbulo del intercambiador PAZ. Se dirige hacia SARA.)

PAZ	Holiii.
SARA	Holii.
PAZ	¿Vamos?
SARA	Hay que esperar a Adrián, ¿no?
PAZ	Adrián dijo que hoy venía más tarde, ¿no te acuerdas?
SARA	Ah, es verdad. Pues no me acordaba… Si no me lo dices tú…
PAZ	Vaya cabecita.
SARA	Ya, tía.
	(Hay unos segundos de silencio.)
SARA	Tía, me estaba quedando flipada…
PAZ	¿Por qué?
SARA	Pues porque estaba oyendo hablar al vagabundo ese. *(Señala con la cabeza hacia atrás.)* El de la derecha, y es mazo de culto.
PAZ	Bueno, hace bien.
SARA	Sí, pero que me ha sorprendido. Estaba hablando de Australia. Y sabe un montón de cosas del país.

PAZ   Bueno, será que le gusta Australia y ha leí-
             do sobre el país. O a lo mejor ha viajado
             allí, ¿quién sabe?

SARA   No lo sé, a mí me ha sorprendido mucho.

             (Oscuro)

ACTO 3
(La primavera)

Escena 9

Autobús, línea 17, dirección Parque Europa, circulando por la calle Guabairo. Miércoles a las 11:42. ALFREDO *se dirige a jugar a la petanca, en esta ocasión solo, mientras escucha la radio.*

ALFREDO   *(A la persona que viaja junto a él en el autobús, a la que no conoce.)* Esto es increíble… Ahora dicen que los productos básicos pueden subir hasta un 30 % por la guerra de Ucrania.

VIAJERO 2   Ah, ¿sí?

ALFREDO   Eso están diciendo, sí. No sé hasta dónde vamos a llegar… Pero a este paso, ni hacer la compra vamos a poder… Hay gente que se recorre todos los supermercados para ver dónde estaban más baratas las cosas. Pero yo no tengo tiempo para eso.

VIAJERO 2   Entiendo. No tiene usted tiempo, ¿verdad?

ALFREDO   No. Y eso porque no le dé a la gente por ir a los supermercados a hacer acopio de productos… Porque ahí sí que se lía.

VIAJERO 2   Claro.

ALFREDO   Como cuándo la guerra de Irak. ¿Lo viviste tú, o eras demasiado joven?

VIAJERO 2   ¿Cuándo fue eso?

ALFREDO   En el año 1990.

VIAJERO 2   No, yo nací en el 95.

ALFREDO   ¡Ah, eres muy joven! Pues pasó eso, ¿sabes? La gente fue a los supermercados a hacer acopio porque en la televisión metieron mucho miedo con que la guerra podía llegar aquí también, y con que los productos se podían agotar. Y la gente, como tonta, yendo a los supermercados para comprar todo lo que podía y hacer acopio en casa de todo tipo de alimentos. Luego ibas tú al supermercado y no había de nada. La gente es muy irresponsable, ¿sabes?

VIAJERO 2   Entiendo.

ALFREDO   Pues veremos qué pasa. El problema es que el gobierno a mí no me sube mi pensión, ¿sabes? Los alimentos suben, la luz sube, la ropa sube, los zapatos suben, el autobús sube… pero mi pensión no sube lo mismo.

VIAJERO 2   Claro.

ALFREDO	Vamos, ni el gobierno, ni las empresas. Que yo he trabajado cuarenta años en la empresa privada, aquí donde me ves, ¿sabes? Cuarenta años en la banca. Y eso que yo estudié Química…
VIAJERO 2	Ah, ¿sí?
ALFREDO	Sí, sí, sí. Como te lo digo…
VIAJERO 2	Entonces conocerá bien la empresa privada.
ALFREDO	¡Ya lo creo que la conozco! Como la palma de mi mano.
	(Hay unos segundos en silencio.)
ALFREDO	Y esa es otra…
VIAJERO 2	¿Cómo?
ALFREDO	Las finanzas. Ahora se han puesto a hablar de las finanzas. Otro problema.
VIAJERO 2	No le entiendo. ¿Qué quiere decir?
ALFREDO	Pues que con lo de la guerra, hay inestabilidad en los mercados y hay riesgos de bajadas importantes en los planes de pensiones y en los fondos de inversión. Lo acaban de decir también… Así que, nada. Nos saldrá todo el doble de caro en el supermercado y

en la tienda de ropa y encima perderá valor el dinero que tenemos en el banco. La tormenta perfecta.

VIAJERO 2   Ya…

ALFREDO   Ya ha pasado otras veces también.

VIAJERO 2   Ya...

ALFREDO   Con la pandemia, por ejemplo. Perdí por lo menos 5000 euros.

VIAJERO 2   Sí, yo también perdí en mi fondo de inversión. No tanto como usted, pero perdí.

ALFREDO   Pues tendrá el gobierno que hacer algo. Dar ayudas, o regular algunos sectores para controlar los precios, o algo.

VIAJERO 2   Claro.

ALFREDO   Bueno, yo me bajo aquí ya. Perdona, hijo, que te he dado el sermón. (*Mientras se levanta.*)

VIAJERO 2   No se preocupe.

ALFREDO   Es que, con alguien tengo que desahogarme, jajaja. Como hoy voy solo… Y en casa es que mi mujer no entiende de estas cosas.

VIAJERO 2   Claro, no se preocupe. Además, me ha puesto usted al corriente de las noticias.

ALFREDO   Mira, eso es cierto. Pues eso que te llevas.

(Pasan unos segundos. El autobús se detiene.)

ALFREDO   *(Mientras baja del autobús.)* Hasta luego, hijo.

VIAJERO 2   Adiós, señor.

(Oscuro)

Escena 10

Metro, línea 5 dirección Casa de Campo, recién pasada la estación de Vista Alegre. Martes a las 8:33. SARA, PAZ y ADRIÁN van a trabajar.

SARA   ¿Hoy qué hacéis para comer?

PAZ   Yo he quedado con una amiga que va a venir por la zona de la ofi a mediodía.

ADRIÁN   Yo como en el comedor.

SARA   Yo también. Pues comemos juntos, ¿vale?

ADRIÁN   Guay.

SARA   ¿A qué hora comes?

ADRIÁN   Me da igual, la verdad.

SARA   Pues a las dos y media, si te parece bien.

ADRIÁN   Vale.

SARA   Es que así me da tiempo a imprimir unas cosas que necesito de un tema personal. Me gusta imprimir a las dos, que es cuando no hay nadie.

PAZ   ¿Y eso?

SARA   Pues porque así no ven qué estoy imprimiendo.

ADRIÁN   Pero no pasa nada por imprimir algo, ¿no?

PAZ   No. Por eso no lo entiendo.

SARA   Bueno, a mí no me gusta que me vean imprimiendo.

PAZ   Pues yo el otro día imprimí una cosa personal también y me encontré en la impresora con la jefa… Me dio igual, jajaja. Y ella no me dijo nada.

SARA   Pero sería cosa de poco…

PAZ   ¿Y qué pasa, que tú tienes que imprimir la Biblia, o qué?

SARA   La Biblia no, pero es un poquillo…

PAZ   Bueno, bueno…

SARA   A ver, es que si me voy a la copistería me cuesta casi quince euros.

PAZ   Joder, tía, pues sí que tienes que imprimir, sí.

SARA   Sí, ya te he dicho que era un poquillo.

PAZ   Un poquillo… bastante.

(Hay unos segundos de silencio.)

PAZ

A ver si vas a terminar siendo una gorrona de esas que le roban de todo a la empresa.

SARA

Pues no, tía. Yo no robo nada.

PAZ

Bueno, bueno, imprimiendo cosas personales se empieza…

SARA

¿Eres gilipollas, o qué?

PAZ

Que te estoy vacilando, boba.

(De nuevo hay unos segundos de silencio.)

PAZ

(Dirigiéndose a Sara.) ¿Te acuerdas de la loca esa que estuvo hace unos años que cuando hacíamos un pedido de material de oficina se llevaba diez o doce bolis para sus hijos?

SARA

Lo mío no es lo mismo, yo creo…

PAZ

Que no lo digo por ti, boba. Claro que no es lo mismo. Pero es que me he acordado, jaja.

SARA

Sí que me acuerdo.

PAZ

Ah, y me estoy acordando de otro bueno… El que cogía dos o tres cocacolas en el comedor, se bebía una comiendo, y se llevaba las otras dos a casa.

ADRIÁN   ¿En serio había alguien que hacía eso?

PAZ   Como te lo cuento.

ADRIÁN   Joder…

PAZ   Luego dicen que si pasan cosas en las empresas…

SARA   Bueno, que luego ellas abusan mucho también, ¿eh? Que cuando hacemos horas de más, no nos las pagan.

PAZ   Eso es cierto. Pero es que hacer esas cosas es tan cutre…

SARA   Y cuando teletrabajamos no nos pagan la calefacción. Ni la comida.

PAZ   Joder, tía… Unas cosas por otras. Tampoco te gastas dinero en transporte esos días.

SARA   Buah, eso me da igual porque tengo el abono mensual.

PAZ   Ah, pues yo como voy sacando abonos de 10 viajes sí que me ahorro.

SARA   No sé, las empresas no me dan pena.

PAZ   No, si a mí pena tampoco me dan; solo digo que luego oyes de algunos despidos y en realidad le encuentras la explicación.

SARA   Bueno, despedir por chorradas así es muy
                fuerte, ¿eh?

PAZ   No sé, para mí, con esas cosas se demuestra
                el tipo de persona que eres…

SARA   Bueno, a ver si ahora vas a ser mala persona
                por imprimir unas hojas en la empresa.

PAZ   ¡Pero que no lo digo por ti, ni por lo de im-
                primir, boba…!

                (Oscuro)

Escena 11

Autobús, línea 17, dirección Parque Europa, circulando por la Vía Carpetana. Lunes a las 11:32. ALFREDO y PACO van un día más a jugar a la petanca. Ambos van escuchando la radio.

ALFREDO ¡Otra vez!

(PACO no reacciona. ALFREDO le mira. Al ver que no le ha escuchado, le da un codazo.)

PACO *(Sobresaltado y mientras se quita los cascos.)* ¿Qué? ¿Qué pasa?

ALFREDO ¡Otra vez!

PACO Otra vez, ¿qué?

ALFREDO Las bolsas. Que otra vez están bajando. Así no se van a enderezar los fondos de inversión nunca.

PACO ¿Y a mí qué me dices?

ALFREDO No, hombre, a ti no te digo nada, solo lo estoy comentando. Lo acaban de decir en las noticias.

PACO Ah, yo ya sabes que de esos temas ni idea.

ALFREDO	No, ni de esos, ni de ningunos, jajaja.
PACO	Si yo casi no tengo ahorros. ¿Cómo voy a saber yo de eso?
ALFREDO	Ya, ya.
PACO	De eso sabéis los que tenéis mucho, jajaja. Los que estáis forrados, jajaja.
ALFREDO	Los que hemos sabido ahorrar a lo largo de la vida, quieres decir, ¿no?
PACO	Nos ha jodido... Para ahorrar... hay que ganar... Hay que ganar bien, quiero decir.
ALFREDO	Ya, ya.
	(Transcurren unos segundos en silencio. PACO se vuelve a poner los cascos.)
ALFREDO	Mira, mira, están diciendo otra vez que el principal motivo es la guerra de Ucrania.
PACO	¿Eh?
ALFREDO	¡Que han dicho que es por la guerra de Ucrania!
PACO	¿La guerra de Ucrania? ¿Ha pasado algo?
ALFREDO	¡Lo de las bolsas! ¡Que es por la guerra de Ucrania!

PACO   Ah, lo de las bolsas… Bueno, déjame en paz un poquito. Que luego cuando te cuento yo a ti las cosas de la radio, me dices que te doy la mañana.

                (Pasan unos segundos en silencio.)

ALFREDO   *(Hablando bajito para que* PACO, *que sigue con los cascos, no le escuche.)* A este le da igual todo. Ni siente ni padece. En realidad, tiene suerte de ser así…

                (Vuelven a pasar unos segundos sin que ninguno de los dos hombres hable.)

ALFREDO   Y encima dicen que en los próximos días puede ser peor si Putin lanza no sé qué ofensiva… Lo que faltaba… *(Dirigiéndose a una chica que viaja en el asiento de en frente.)* ¿Usted tiene fondos de inversión, señorita?

VIAJERA 1   ¿Cómo? ¿El qué? *(Sobresaltada.)*

ALFREDO   Le pregunto si tiene usted fondos de inversión.

VIAJERA 1   ¿Yo? Ah… Sí… Sí que tengo, sí. Bueno, supongo que como casi todo el mundo.

ALFREDO   Claro, eso le digo yo a este cernícalo. *(Señala a* PACO *con la cabeza.)* Es un tema de interés general.

VIAJERA 1   Claro.

ALFREDO   Pues, que sepa usted, señorita, que estos días sus fondos de inversión deben de estar teniendo pérdidas. Se lo digo por si no lo mira con mucha frecuencia. Yo es que los miro todos los días, ¿sabe?

VIAJERA 1   Entiendo.

ALFREDO   Y que sepa también que en los próximos días podrían tener aún más pérdidas.

VIAJERA 1   Ya…

ALFREDO   No parece preocuparle mucho. Yo es que me preocupo por todo… A mi edad, ya se sabe…

VIAJERA 1   Bueno, pero hay cosas peores que las pérdidas de los fondos de inversión.

ALFREDO   Claro que sí. Los problemas de salud, sin ir más lejos.

VIAJERA 1   Por ejemplo.

ALFREDO   Pero yo estoy muy sano, ¿sabe? Aquí donde me ve, con ochenta y dos años, estoy como un roble.

VIAJERA 1   Me alegro mucho.

ALFREDO	Pero ya ves. Cuando no hay un problema, hay otro. ¿Qué necesidad tengo yo de que mis ahorros pierdan valor por una guerra que ni me va ni me viene?
VIAJERA 1	Bueno, ya digo hay cosas peores…
ALFREDO	Sí, los problemas de salud, ya lo hemos dicho antes. Pero yo me refiero a…
VIAJERA 1	(*Cortándole.*) O también lo estarán pasando peor las personas que están allí en Ucrania, ¿no cree?
ALFREDO	Pues… sí es verdad, sí… Lleva usted toda la razón, Señorita. A veces somos un poco egoístas, ¿verdad?
VIAJERA 1	Yo creo que sí.

(*Oscuro*)

Escena 12

Parada del autobús 17 en la Vía Carpetana en dirección a Parque Europa. Martes a las 8:11. SARA, PAZ y ADRIÁN esperan la llegada del autobús; hoy van al trabajo en ese medio de transporte porque hay huelga de metro.

SARA   Pues sí que tarda esto.

PAZ   Bueno, tampoco llevamos tanto esperando.

ADRIÁN   Yo otras veces que he tomado el autobús, lo mismo. Siempre tarda mucho.

SARA   Menos mal que hemos venido con tiempo… Y lo peor es que va a venir petado. Vamos a ir como sardinas en una lata.

PAZ   Joder, tía, te quejas por todo…

SARA   Es que es la verdad.

PAZ   El metro a veces también va petado.

SARA   Pero casi siempre conseguimos asiento.

PAZ   Eso aquí en Carabanchel… Vete al centro en hora punta y verás.

SARA   Bueno, pero a mí lo que me importa es Carabanchel, jaja.

PAZ	A ti solo te importa lo tuyo.
SARA	Joder, tía… Vaya lindezas me dices…

(Pasan unos segundos en silencio.)

SARA	De todas formas, mira que son cabrones.
PAZ	¿Quiénes son cabrones ahora?
SARA	Los del metro.
PAZ	¿Y eso?
SARA	Pues por hacer huelga.
PAZ	Bueno, es un derecho que tienen…
SARA	No, si está visto que hoy me vas a llevar la contraria en todo.
ADRIÁN	Vaya par de tontas que estáis hechas, jajaja.
SARA	A ver, yo no digo que no tengan derecho… Pero, joder, es que nos perjudican a nosotros, a los que no tenemos la culpa de nada de lo que les pasa.
PAZ	Pero esta es la única forma de reivindicarse que tienen…
SARA	Pues no estoy de acuerdo.

PAZ   Pues tú misma. Aquí no somos como los japoneses, que trabajan más cuando hacen huelga. Aquí trabajamos menos. Y le afecte a quien le afecte.

SARA   Nada, no estoy de acuerdo. Mira para lo que sirve la huelga del metro... Para que llevemos aquí quince minutos esperando. Menos mal que por lo menos no hace frío, que si llega a ser en invierno...

ADRIÁN   Exagerada, que no llevamos ni diez minutos.

SARA   Pues yo prohibiría las huelgas. Si dependiese de mí...

VIAJERO 3   Disculpen que entre en su conversación. Es que no he podido evitar escucharles, al estar tan cerca. (Dirigiéndose a SARA.) Señorita, ¿sabe usted la cantidad de cosas que se han conseguido gracias a las huelgas?

SARA   ¿Cómo?

VIAJERO 3   Le pregunto si sabe usted la cantidad de cosas que se han conseguido en este país, bueno, y en otros, en todos, la cantidad de derechos que usted misma tiene en el día de hoy gracias a que en otros tiempos otras personas han luchado por esos derechos mediante el uso de las huelgas. En Francia sobre todo. Los franceses han sido siempre ejemplares y modélicos en la lucha de sus derechos, y no solo por lo que pasó en la Revolución Francesa, sino también porque después de aquel evento histórico han seguido peleando por todo... Y, en gran parte, mediante las huelgas.

SARA   No sé, imagino, pero vamos, que hay otras formas de conseguir las cosas.

VIAJERO 3   Dígame cómo, por favor, señorita.

SARA   Eh... No sé... Bueno, yo no estoy para eso. Para eso hay políticos...

VIAJERO 3   No señorita. Los políticos, como ya está suficientemente demostrado, solo atienden a sus intereses. Somos nosotros quienes debemos pelear por los nuestros.

SARA   Bueno, yo es que de política no hablo, lo siento.

VIAJERO 3   No, si no es política, señorita. Es la vida misma.

SARA   No sé, señor...

ADRIÁN   ¡Mirad, ya viene el autobús!

SARA   (*Mirando hacia la dirección por la que el autobús llega.*) Joder, ya era hora.

PAZ   Al final no ha llegado la espera ni a diez minutos.

VIAJERO 3   Adiós, señorita. Que tenga usted un buen día.

SARA   Adiós, señor.

(El autobús llega, todas las personas que estaban esperando se suben al mismo, pasan el billete y se sientan en distintas partes del vehículo. Cuando ya están los tres en sus asientos.)

SARA   Menudo maleducado ese tío, metiéndose en nuestra conversación, ¿no? Y qué pedante, con lo de la revolución esa…

PAZ   Pues llevaba toda la razón.

(Oscuro)

ACTO 4
(El verano)

Escena 13

Metro, línea 5, dirección Casa de Campo, parados en la estación de Eugenia de Montijo. Miércoles a las 8:12. PAZ *y* ADRIÁN *van a trabajar.*

PAZ
¿Te enteraste de la movida de ayer?

ADRIÁN
¿Lo de Sara?

PAZ
Sí.

ADRIÁN
Bueno, algo escuché, pero no creas que me enteré de mucho.

PAZ
Pues menuda movida… Ya veremos a ver si no le dan el disgusto cuando vuelva de vacaciones.

(El metro reanuda su marcha.)

ADRIÁN
Pero, ¿qué ocurre exactamente con ella?

PAZ
A ver, saberlo no es que lo sepamos nadie. Pero parece que le están buscando las vueltas. Y lo que pasó ayer fue que una de

Recursos Humanos se dejó en la impresora una hoja de un informe que han hecho de Sara. Pero como fue solo la última hoja, la página ocho de ocho creo que era, no se sabe muy bien qué dice el informe. Pero se corrió el rumor del informe de Recursos Humanos sobre ella como la espuma, ya sabes cómo es esta empresa, jaja.

ADRIÁN   Vaya… ¿Y en qué sentido le están buscando las vueltas?

PAZ   A ver… Antes de irse de vacaciones, ella me contó que la habían llamado de Recursos Humanos para preguntarle unas cosas de unos correos que se había enviado desde la cuenta del trabajo a su cuenta personal… Esto fue como dos semanas antes de irse. Y luego a la semana siguiente sé que la volvieron a llamar de Recursos Humanos, pero ella de esa segunda llamada ya no me contó nada. Lo que pasa es que yo me enteré porque Patri, la de Márketing, que es muy amiga mía, me contó que la había visto entrar en una sala de reuniones con uno de Recursos Humanos. Eso ya no sé para qué sería…

ADRIÁN   Bueno, pues probablemente para volver a hablar del tema de los correos esos. Si en esa segunda llamada no la despidieron, significa que lo de los correos no era tan grave.

PAZ   Puede ser, no sé…

ADRIÁN   Le habrán querido dar un toque de aten-
              ción, pero conociéndola, no creo que haya
              hecho nada que sea demasiado grave.

PAZ   O igual la llamaron por otra cosa, no sé.

ADRIÁN   ¿Y qué otra cosa va a ser?

PAZ   No sé… Por ejemplo, a mí me han contado
              que a una de Contabilidad la han echado por
              entrar a páginas de Internet que no tenían
              que ver con su trabajo… Que ahí me asus-
              té yo, porque yo también entraba al perió-
              dico de vez en cuando para tomarme un
              descanso. Ahora ya no lo hago. Pero Sara
              se pasa bastante tiempo en Internet, la ver-
              dad, y lo mismo le están buscando las vuel-
              tas por ahí también.

ADRIÁN   Pues vaya… Bueno, a ver si cuenta algo
              cuando vuelva de vacaciones.

PAZ   No creo. Si no lo contó ya…

ADRIÁN   Lo que está claro es que se está poniendo
              la cosa bastante seria.

PAZ   Ya te digo. Parece que nos quieren tener
              acojonados.

ADRIÁN   No es que lo parezca… Es que es así.

PAZ   Pues no lo entiendo.

ADRIÁN   Al final lo que quieren es tenernos contro-
              lados... Y sí, que tengamos miedo. Porque
              así, ante la duda, pues te lo pensarás muy
              mucho antes de hacer determinadas cosas,
              como enviarte correos, coger material de
              la empresa, y cosas así.

PAZ   No sé, pero hay maneras y maneras...

ADRIÁN   En mi anterior empresa era igual. Tenían
              implantada la cultura del miedo. Y claro,
              aparte de eso que te digo de no hacer nada
              que pudiera no gustarle a la empresa... todo
              el mundo yéndose a las diez de la noche
              para que no les pusieran la etiqueta de que
              se iban pronto.

PAZ   Bueno, eso aquí por lo menos no...

ADRIÁN   De momento no.

PAZ   Espero que nunca, jaja.

              (*Hay unos segundos de silencio.*)

PAZ   Qué asco de empresas, tío. Al final me pon-
              go la mía propia.

ADRIÁN   El problema es que para eso hay que arries-
              gar dinero.

PAZ   Ya...

              (*Oscuro*)

Escena 14

Metro, línea 5, dirección Casa de Campo, circulando entre las estaciones de Urgel y de Oporto. Viernes a las 8:25. SARA, PAZ *y* ADRIÁN *van a trabajar.* CASIMIRO *y* CATALINA *se dirigen a la cita médica que tiene* CATALINA.

PAZ   Todavía te dura el moreno, cabrona.

SARA   Poco le quedará ya. Solo dura unos días.

PAZ   ¿Entonces la vuelta ha ido bien esta semana?

SARA   Pse. Lo esperado.

PAZ   *(Intentando sonsacar.)* Pero ha sido una semana tranquilita, ¿no?

SARA   Sí.

PAZ   Sin nada raro…

SARA   No.

ADRIÁN   ¿Habéis visto a esos dos que van ahí? *(Señala con la cabeza hacia uno de los lados.)*

SARA   ¿Quién? *(Mira en la dirección señalada por* ADRIÁN.*)*

PAZ   ¿Dónde? *(También mirando hacia allí.)*

ADRIÁN   El tío ese va como una cuba. Y está tratando a la chica bastante mal.

PAZ   Vaya pintas tienen...

SARA   Bueno, esos vienen de toda la noche por ahí.

PAZ   Y van finitos, finitos...

SARA   Mira, mira, le está levantando la mano.

ADRIÁN   Antes igual, incluso ha llegado a empujarla.

PAZ   ¿En serio?

SARA   Qué sinvergüenza, ¿no?

              (Mientras, a unos metros de distancia.)

CASIMIRO   Mira, mira, mira... Que le levanta la mano y todo...

CATALINA   Ay, por Dios. Qué poca vergüenza.

CASIMIRO   Si es que... Menudo país tenemos. Claro que... tenemos lo que nos merecemos.

CATALINA   ¿Pero qué país, ni qué país? Si acaso hay que preocuparse por esa chiquilla, no por el país.

CASIMIRO	¿Pero no te das cuenta de que una cosa trae la otra? Si el país no estuviera como está, no había aquí sinvergüenzas como ese… Y la cría esa, pues estaría tan tranquila.
CATALINA	Ay, con el país. Estás insoportable, desde que te preocupa la «i-ma-gen del pa-ís». *(Con tono burlón.)*
	(Mientras tanto, en el grupo de PAZ, SARA *y* ADRIÁN.*)*
PAZ	Joder, mirad, que se ha levantado y todo… La está gritando.
SARA	Esto se está poniendo feo.
ADRIÁN	¿Qué hacemos? ¿Le decimos algo al tío?
SARA	Pero qué dices… ¿Y si está grillado? Que tú no sabes con quién das…
PAZ	Ya, pero si la pega, tampoco nos vamos a quedar mirando…
SARA	Yo no pienso mover un dedo. ¿Y si el tío lleva una navaja? Que ese tío, tal y como va, no controla…
PAZ	¿Tú crees que si la pega nadie hará nada?
SARA	No sé. Alguien hará algo… Yo no.

PAZ	Pues como pensasen todos así…

(*Mientras*, Casimiro y Catalina.)

CASIMIRO	Voy a decirle algo.
CATALINA	¿Cómo que vas a decirle algo?
CASIMIRO	Claro que sí. Está humillando a la chiquilla. Eso no lo hace un hombre que tiene lo que hay que tener… A ver si conmigo es tan valiente.
CATALINA	¡Espera! Tú cállate y quédate aquí. No te metas en Líos.
CASIMIRO	Si no es ningún lío.
CATALINA	¿Y si le da por pegarte?
CASIMIRO	Mujer, ¿a un señor mayor le va a pegar? Ya entonces sí que sería cobarde.
CATALINA	¡Casimiro! Que tú no sabes con quién das. Si es cobarde o si no, si está loco o si no…
CASIMIRO	Bueno, bueno… Pues me callo.
CATALINA	Mira, mira, que parece que ya se bajan…

(*En el grupo de* Sara, Paz y Adrián.)

PAZ	Se bajan.

SARA   Pues menos mal…

PAZ   Bueno, el problema para la chica no se arregla… Seguirá ahí fuera.

            (Oscuro)

Escena 15

Autobús, línea 34, dirección Cibeles, circu-
lando por la calle General Ricardos. Jueves a
las 9:30. ALFREDO *va al mercado y va escu-*
chando la radio. Está en uno de los primeros
asientos del autobús. El vehículo se detiene y
suben a él CASIMIRO *y* CATALINA.

CASIMIRO   *(Después de validar el billete.)* Hombre, Alfredo. Madrugando, ¿eh?

ALFREDO   *(Quitándose los cascos.)* Sí, voy al mercado.

CASIMIRO   Ah, nosotros también.

*(*CATALINA *se detiene y duda si sentarse en los*
asientos que están al lado y enfrente del de
ALFREDO; CASIMIRO *le señala los que se si-*
túan detrás.)

CASIMIRO   *(A* CATALINA.*)* Deja, deja. Vamos a sentar-
nos ahí atrás. Que Alfredo va escuchando
la radio. Así no le molestamos.

ALFREDO   No, si no pasa nada… *(Vuelve a ponerse los*
cascos.) (Pasa un rato en el que todos los pa-
sajeros del autobús se mantienen en silencio.)

ALFREDO   ¡Lo que faltaba!

CASIMIRO   ¿Qué pasa, Alfredo?

ALFREDO   (*Girándose hacia atrás para hablar con ellos.*)
El señor presidente del gobierno. Que está
de vacaciones. Jajaja. Como hay poco que
hacer en el país, pues coge el señor, y se va
de vacaciones...

CASIMIRO   Menudo sinvergüenza.

ALFREDO   Tiene el paro como lo tiene, la ha liado con
lo de Cataluña, está el tema de la tormen-
ta y las inundaciones de Huesca del otro
día... Y el tío se va de vacaciones, tan pan-
cho... Ah, y me olvidaba del tema de la in-
migración. Que están llegando cientos de
negritos por día a Canarias. Pero él, nada,
de vacaciones...

CASIMIRO   Es vergonzoso. Esto no se arregla hasta que
no haya una rebelión popular.

ALFREDO   Aquí no hacemos esas cosas. Eso solo pasa
en países avanzados.

CASIMIRO   No, hombre, aquí también ha pasado.

ALFREDO   Nada, aquí muy poquitas veces y con mucho miedo. No nos podemos comparar con
otros países en eso.

    (*De nuevo hay un rato de silencio.*)

CASIMIRO   Ese, lo que es, es un vago...

CATALINA   ¿Ese? Y todos los políticos.

CASIMIRO   Sí, pero ese más. Los de izquierdas siempre lo han sido más. De toda la vida de Dios.

CATALINA   No sé yo...

VIAJERO 4   *(Interviniendo desde el asiento posterior a los que ocupan* CASIMIRO *y* CATALINA.*)* Es que encima son poco listos, ¿eh? Porque vacaciones pueden cogerse, porque todo el mundo tiene derecho a vacaciones... Pero pregonarlo a los cuatro vientos estando el país como está... Eso es casi lo peor. Hay que tener poquitas luces para no darte cuenta de que si haces eso se te va a echar todo el país encima.

CATALINA   Ya lo creo, hijo. Ya lo creo que tiene pocas luces.

VIAJERO 4   Es que parece que lo hacen aposta, para que nos encabronemos todos.

CONDUCTOR 2   *(Sumándose repentinamente al debate.)* Tienen pocas luces, sí.

ALFREDO   Ah, pues yo ahí no estoy de acuerdo. Un cargo como ese tiene que tener transparencia. Si se va de vacaciones, lo tiene que saber todo el país, claro que sí.

VIAJERO 4   Yo no opino igual… Vamos a ver, en lo de
             que es un sinvergüenza y en que podía ha-
             ber aplazado un poquito sus vacaciones tal
             y como está el país, en eso sí. Pero en que
             tenga que pregonarse a los cuatro vientos
             cuándo se va de vacaciones y hasta lo que
             hace en sus vacaciones, eso no. Que tam-
             bién tienen derecho a la privacidad y a la
             intimidad… Al fin y al cabo, son personas,
             no animales, ni robots.

ALFREDO   Ah, hijo. Eso va en el sueldo. Ganan mu-
             cho dinero, en alguna cosa se tendrán que
             sacrificar, ¿no? Que además ese dinero es
             nuestro, es de todos. Y ahora que dices
             de animales… Cualquier animal es más
             honrado que ese zopenco, te lo puedo ase-
             gurar.

CONDUCTOR 2 A ese… zopenco, como usted lo llama, lo
             ponía yo a quitar barro en el pueblo ese de
             Huesca de las inundaciones… Y en el puer-
             to de Las Palmas… Ahí, a recibir a los ne-
             gros que trae la Guardia Civil después de
             haberlos salvado de las pateras. En prime-
             ra línea tenía que estar, no detrás de la ba-
             rrera… Que eso es muy fácil.

CATALINA   Bueno, eso ya… Lo que él tiene que hacer
             es dirigir, no estar en primera línea. Alguien
             tiene que dirigir, ¿no? Pero dirigir bien, cla-
             ro, no como él…

CONDUCTOR 2   Si a lo que hace ese hombre se le puede lla-
               mar dirigir, que venga Dios y lo vea... Por-
               que vaya tela.

CATALINA   Sí, sí, en eso estamos de acuerdo, hijo.

               (*Oscuro*)

Escena 16

Metro, línea 5, dirección Casa de Campo, circulando entre las estaciones de Oporto y Vista Alegre. Viernes a las 8:33. SARA, PAZ y ADRIÁN *se dirigen al trabajo y con ellos va* JORGE, *el novio de* SARA, *porque tiene que hacer un recado cerca de la oficina en la que trabaja su novia. En frente se sientan* ALFREDO y ENCARNA, *que van a hacer un trámite administrativo.*

PAZ   ¿Para qué has corrido tanto al entrar, tía?

SARA   Pues para coger sitio. Que he visto este grupo de cuatro asientos aquí.

PAZ   Joder… Ni que estuvieras cansada… Si luego vas a estar todo el día sentada.

SARA   Ya, pero de pie se va muy incómoda. Se mueve mucho el vagón.

JORGE   Esta si ve un asiento libre es capaz de pegarse un sprint para llegar. Yo creo que es lo único por lo que corre en esta vida, jajaja.

SARA   Pues sí. Correr es de cobardes, jajaja.

PAZ   Pues a mí me suele dar un poco igual. Si cojo asiento, bien, pero si no, pues eso, así estoy de pie un ratito porque luego me voy a hinchar a estar sentada todo el día.

SARA   Pues yo no. Sentadita voy mejor.

ADRIÁN   Yo como Paz, la verdad. Me da un poco igual ir sentado o de pie. Y a la mínima, le cedo el asiento a alguien que lo necesite más.

SARA   Ah, yo eso también, claro. Si veo a un señor mayor, o a una embarazada, le dejo el asiento.

JORGE   Bueno...

SARA   Bueno, ¿qué?

JORGE   Pues que el otro día...

SARA   El otro día, ¿qué?

JORGE   Nada, nada. Mejor me callo...

SARA   Mejor, sí.

PAZ   A saber lo que pasó. Jajajaja.

SARA   (*A* JORGE.) Venga, cuéntalo. Que vean que no ocultamos nada.

JORGE   Nada, es una chorrada. Pues que íbamos en el autobús, yo iba de pie y Sara sentada, y le dije que se levantase para ceder el asiento a una señora mayor…

SARA   Pero es que no era mayor… Tendría cincuenta o cincuenta y cinco años… Era casi de mi edad, jajaja.

JORGE   De eso nada. De sesenta años no bajaba. Es verdad que parecía que la señora estaba bien, pero…

SARA   Estaba como una rosa. Y te digo yo que tenía cincuenta y pocos como mucho… Que tú para echar edades eres muy malo...

JORGE   Bueno, bueno… Yo creo que tenía más, pero bueno. (*La conversación expira, y hay unos segundos de silencio… El tren se detiene. Suben al vagón* CASIMIRO *y* CATALINA.)

CASIMIRO   ¡Pero bueno, mira quién está aquí!

ALFREDO   ¡Hombre! ¡Ya estamos todos! Qué casualidad. ¿Dónde vais?

CASIMIRO   Ahí a Aluche, a hacer unas compras.

ALFREDO   ¿Tan temprano? Si no habrán ni abierto las tiendas. Pues nosotros vamos ahí a la Oficina de Atención al Ciudadano, que queremos hacer unas consultas y arreglar unas cosas.

CASIMIRO	¡Bueno! Pues en agosto, Dios te ampare. Estarán todos de vacaciones.
ALFREDO	Alguien habrá, hombre.
CATALINA	(*Dirigiéndose a* ALFREDO *y a* ENCARNA.) *¿Y cómo estáis?*
ALFREDO	Bien, mujer, estamos bien.
ENCARNA	Bien, a Dios gracias.
CASIMIRO	Están como una rosa, ¿no los ves?

(*Mientras, en los asientos de en frente.*)

ADRIÁN	Ya es la siguiente parada, ¿no?
PAZ	Sí.
ADRIÁN	Pues yo me voy preparando ya. (*Se levanta.*)
SARA	Vamos, sí. (*Levantándose también.*)
PAZ	(*A* SARA.) Tú espérate, para aprovechar un poco más el asiento, jajaja (*También se levanta.*)

(JORGE *también se levanta, y al hacerlo, un billete de 20 euros se desliza de su bolsillo, cayendo al suelo.*)

SARA   Noo. Ya da igual. Ya no queda nada. (*Dirigiéndose a* JORGE.) ¿A ti no te viene mejor la siguiente parada?

JORGE   Me bajo en esta; está un poco más lejos pero así os acompaño y luego ando un poco.

             (*Mientras, en los asientos de en frente.*)

CASIMIRO   ¿Has visto ahí? (*Mira de reojo y señala levemente con la cabeza.*)

ALFREDO   ¿Dónde? ¿El qué? (*Mira en la dirección en la que* CASIMIRO *le señala. Ve el billete de veinte euros que se le ha caído a* JORGE.) ¡Anda! Será de ellos…

ENCARNA   (*Les está escuchando y está viendo lo que pasa.*) Vamos a decírselo. Se le habrá caído a alguno de los chavales al levantarse.

CASIMIRO   ¡No! ¡No les digas nada!

ENCARNA   ¿Cómo no le vamos a decir nada? Pobre chico. Se dará cuenta ahora después de que se le han caído…

CASIMIRO   Deja, deja. Tú calla. Que ahora nos pegamos un buen desayuno con esos veinte euros.

             (ENCARNA *mira a* ALFREDO, *buscando su complicidad para decirle a las personas que están a punto de bajar del vagón que se les ha caído un billete.* ALFREDO *se encoge de hombros y no dice nada.* Pasan unos segundos en los que ALFREDO, CASIMIRO, ENCARNA *y* CATALINA *se siguen mirando y consultándose con la mirada... pero al final no hacen ni dicen nada. El tren se detiene.* SARA, PAZ, JORGE *y* ADRIÁN *bajan del vagón. Los 20 euros permanecen en el suelo. Las puertas del vagón se cierran. El tren reanuda su marcha y* CASIMIRO *se levanta a coger los 20 euros.)*

(Oscuro)

Esta primera edición de
Episodios de Carabanchel (III), de Sergio Gonzalo Rodrigo,
terminó de imprimirse
en enero de dos mil veintiséis